Impressum
Verlag: BABADADA GmbH, Nedderfeld 112 , 22529 Hamburg
Geschäftsführer / Verlagsleitung: Harald Hof
Druck: Books on Demand GmbH, In de Tarpen 42, 22848 Norderstedt

Imprint
Publisher: BABADADA GmbH, Nedderfeld 112 , 22529 Hamburg, Germany
Managing Director / Publishing direction: Harald Hof
Print: Books on Demand GmbH, In de Tarpen 42, 22848 Norderstedt, Germany

# 学校

## בית ספר

割り算
חילק
186/2
黒板
לוח
教室
כיתה
教師
מורה
紙
נייר
書く
כתב
ペン
עט
事務机
שולחן עבודה
定規
סרגל
本
ספר
生徒
תלמיד

ランドセル

ילקוט

筆入れ

קלמר

鉛筆

עיפרון

鉛筆削り

מחדד

消しゴム

גומי מחיקה

スケッチブック

חוברת סרטוט

スケッチ

סרטוט

絵筆

מברשת

絵の具箱

קופסת צבעים

はさみ

מספריים

接着剤

דבק

練習帳

ספר תרגול

宿題

שיעור בית

12

数

מספר

2+2

足し算

חיבר

5-2

引き算

חיסר

2×2

かけ算

הכפיל

計算する

חישב

A

文字

אות

ABCDEFG
HIJKLMN
OPQRSTU
VWXYZ

アルファベット

אלפבית

hello

単語

מילה

テキスト

טקסט

読む

קרא

チョーク

גיר

授業

שיעור

学級日誌

יומן נוכחות

試験

מבחן

通知表

תעודה

制服

תלבושת בית ספר

教育

חינוך

百科事典

אנציקלופדיה

大学

אוניברסיטה

顕微鏡

מיקרוסקופ

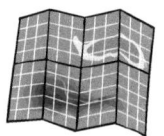

地図

מפה

ごみ箱

סל נייר

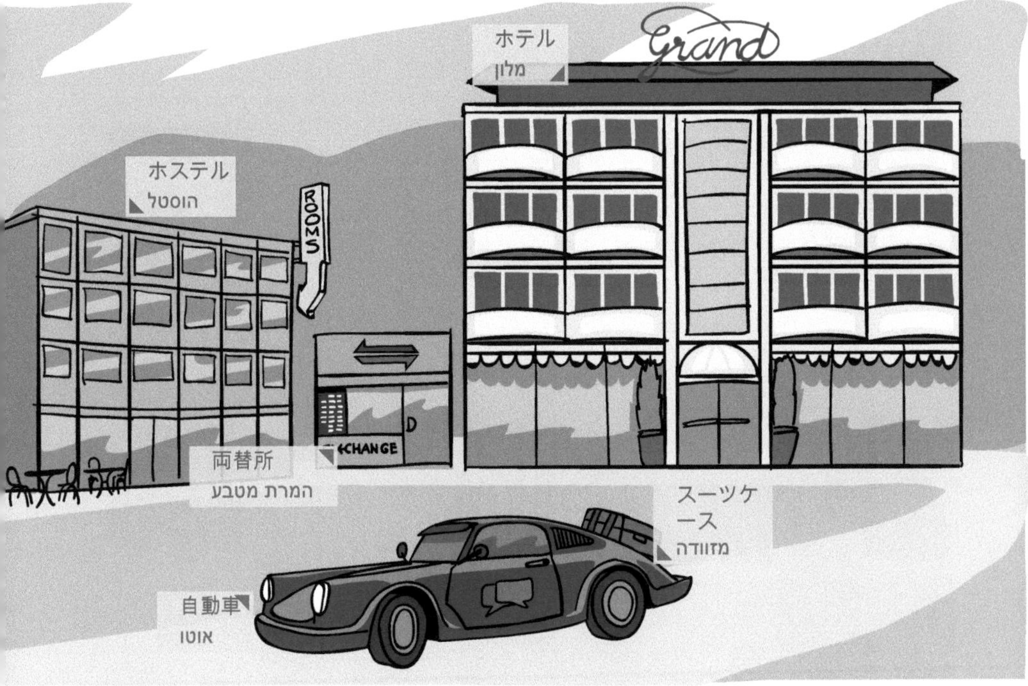

ホテル
מלון
Grand
ホステル
הוסטל
ROOMS
EXCHANGE
両替所
המרת מטבע
スーツケース
מזוודה
自動車
אוטו

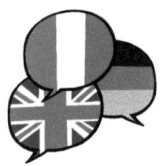

言語

שפה

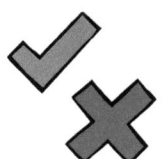

はい / いいえ

כן / לא

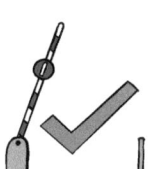

問題ない

בסדר

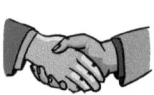

ハロー

שלום

翻訳者

מתרגם

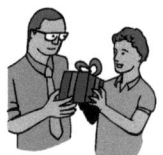

ありがとう

תודה

...はいくらですか？

כמה עולה.....?

わかりません

אני לא מבין

問題

בעיה

こんばんは！

ערב טוב!

おはようございます！

בוקר טוב!

おやすみなさい！

לילה טוב!

さようなら

להתראות

方向

כיוון

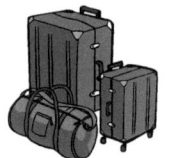

手荷物

כבודה

バッグ

תיק

リュックサック

תרמיל גב

お客様

אורח

部屋

חדר

寝袋

שק שינה

テント

אוהל

旅行者情報

מרכז מידע לתיירים

ビーチ

חוף ים

クレジットカード

כרטיס אשראי

朝食

ארוחת בוקר

昼食

ארוחת צהריים

夕食

ארוחת ערב

チケット

כרטיס

エレベーター

מעלית

スタンプ

בול

境界

גבול

税関

מכס

大使館

שגרירות

ビザ

אשרה

パスポート

דרכון

# 輸送

## תחבורה

飛行機
מטוס
船
אונייה
消防車
כבאית
バス
אוטובוס
トラック
משאית
モーターボート
סירת מנוע
自動車
אוטו
自転車
אופניים

フェリー

מעבורת

ボート

סירה

バイク

אופנוע

パトカー

ניידת משטרה

レーシングカー

מכונית מרוץ

レンタカー

רכב שכור

カーシェアリング

מכוניות בשיתוף

レッカー車

אוטו גרר

ごみ収集車

משאית זבל

モーター

מנוע

燃料

דלק

ガソリンスタンド

תחנת דלק

交通標識

תמרור

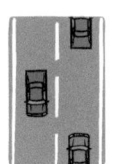

交通

תנועה

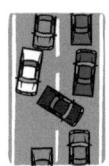

渋滞

פקק תנועה

駐車場

חניה

駅

תחנת רכבת

道

פסי רכבת

列車

רכבת

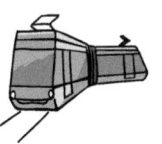

路面電車

רכבת קלה

車両

קרון

ヘリコプター

מסוק

空港

שדה-תעופה

タワー

מגדל

乗客

נוסע

コンテナ

קונטיינר

段ボール箱

קרטון

カート

עגלה

カゴ

סל

離陸 / 着陸

המראה / נחיתה

## 都市

## עיר

村

כפר

都心

מרכז העיר

家

בית

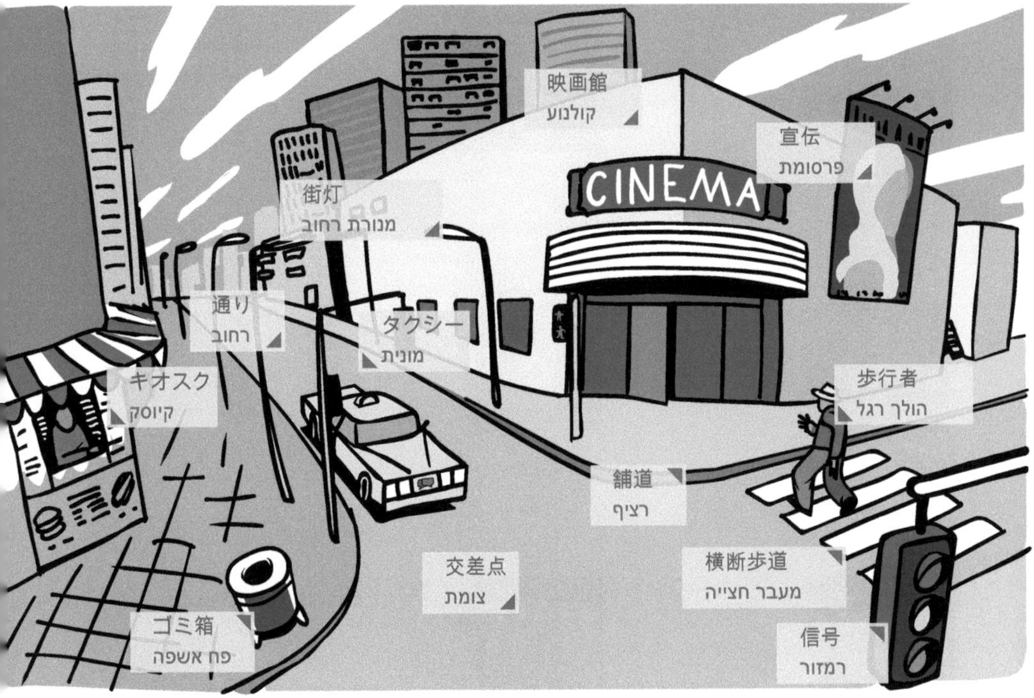

CINEMA

映画館
קולנוע

宣伝
פרסומת

街灯
מנורת רחוב

通り
רחוב

タクシー
מונית

キオスク
קיוסק

歩行者
הולך רגל

舗道
רציף

交差点
צומת

横断歩道
מעבר חצייה

ゴミ箱
פח אשפה

信号
רמזור

小屋

בקתה

アパート

דירה

駅

תחנת רכבת

市役所

עירייה

MUSEUM

美術館

מוזיאון

学校

בית ספר

大学

אוניברסיטה

銀行

בנק

病院

בית חולים

ホテル

מלון

薬局

בית מרקחת

オフィス

משרד

書店

חנות ספרים

ショップ

חנות

花屋

חנות פרחים

スーパーマーケット

סופרמרקט

市場

שוק

デパート

כל-בו

魚屋

מוכר דגים

ショッピングセンター

קניון

港

נמל

公園

פארק

ベンチ

ספסל

橋

גשר

階段

מדרגות

地下鉄

רכבת תחתית

トンネル

מנהרה

バス停

תחנת אוטובוס

バー

בר

レストラン

מסעדה

ポスト

תא דואר

道路標識

שלט רחוב

パーキングメーター

מדחן

動物園

גן חיות

スイミングプール

בריכת שחיה

モスク

מסגד

農場

חווה

汚染

זיהום

墓地

בית עלמין

教会

כנסייה

遊び場

מגרש משחקים

寺

בית מקדש

## 風景

## נוף

葉
עלה

道標
תמרור

道
דרך

草地
מרעה

石
אבן

木
עץ

ハイカー
מטייל

川
נהר

草
דשא

花
פרח

谷
בקעה

山
הר

湖
אגם

森
יער

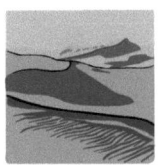

砂漠
מדבר

火山
הר געש

城
טירה

虹
קשת בענן

キノコ
פטריה

ヤシの木
דקל

蚊
יתוש

ハエ
זבוב

蟻
נמלה

ミツバチ
דבורה

クモ
עכביש

カブトムシ

חיפושית

蛙

צפרדע

リス

סנאי

ハリネズミ

קיפוד

ウサギ

ארנב

フクロウ

ינשוף

鳥

ציפור

白鳥

ברבור

雄豚

חזיר בר

鹿

צבי

ヘラジカ

אייל הקורא

ダム

סכר

風力タービン

טורבינת רוח

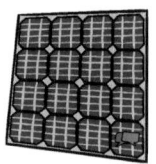

ソーラーパネル

פנל סולארי

気候

אקלים

# レストラン

## מסעדה

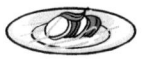

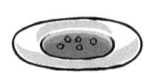

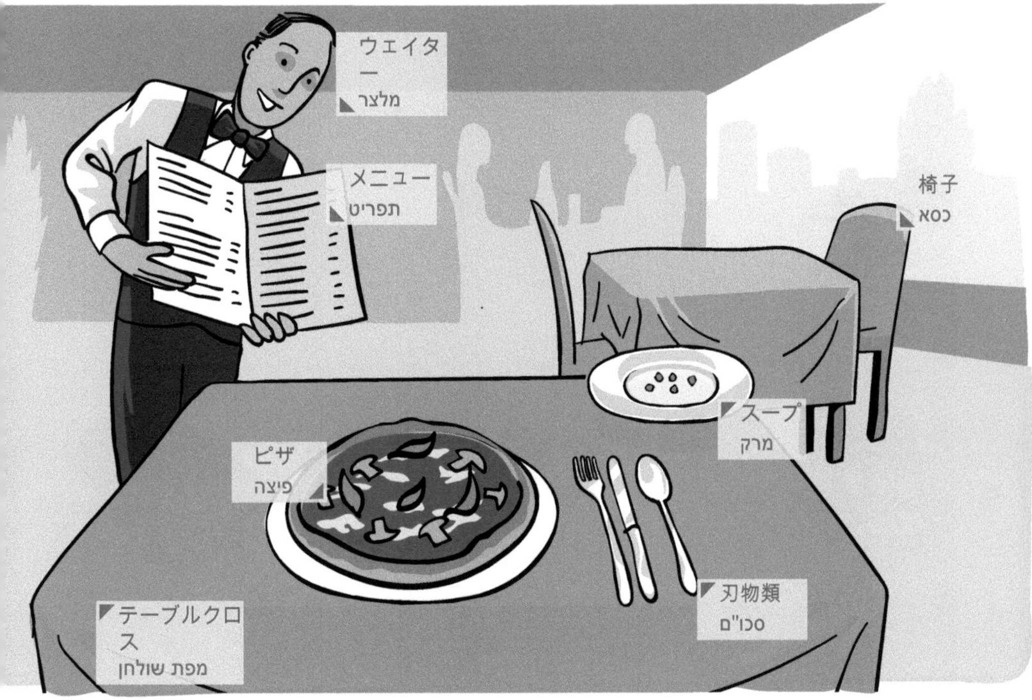

ウェイター
מלצר
メニュー
תפריט
椅子
כסא
スープ
מרק
ピザ
פיצה
刃物類
סכו"ם
テーブルクロス
מפת שולחן


前菜

מנת פתיחה

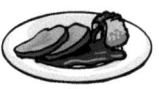

メインコース

מנה עיקרית

デザート

קינוח

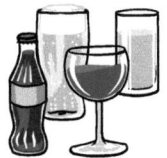

飲み物

שתיות

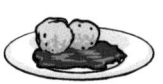

食べ物

אוכל

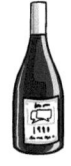

ボトル

בקבוק

ファストフード

מזון מהיר

屋台の食べ物

אוכל רחוב

ティーポット

קנקן תה

砂糖入れ

מסכרת

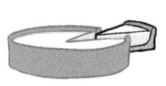

一人前

מנה

エスプレッソマシン

מכונת אספרסו

幼児用食事椅子

כסא תינוק

請求書

חשבון

トレー

מגש

ナイフ

סכין

フォーク

מזלג

スプーン

כף

ティースプーン

כפית

ナプキン

מפית

グラス

כוס

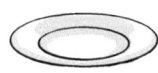

皿
............
צלחת

スープ皿
............
קערת מרק

受け皿
............
תחתית

ソース
............
רוטב

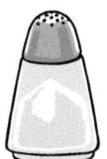

塩入れ
............
מלחייה

ペッパーミル
............
מטחנת פלפל

酢
............
חומץ

油
............
שמן

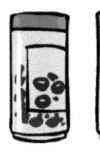

スパイス
............
תבלינים

ケチャップ
............
קטשופ

マスタード
............
חרדל

マヨネーズ
............
מיונז

# スーパーマーケット
## סופרמרקט

特価品
מבצע
FOR
顧客
לקוח
乳製品
מוצרי חלב
果物
פירות

肉屋

אטליז

パン屋

מאפייה

重さをはかる

שקל

野菜

ירקות

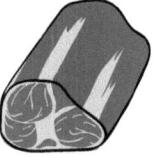

肉

בשר

冷凍食品

מזון קפוא

冷肉の薄切り

בשר קר

缶詰食品

שימורים

洗剤

אבקת כביסה

菓子

ממתקים

家庭用品

מוצרי בית

清掃用品

חומר ניקוי

販売員

מוכרת

現金箱

קופה

レジ係

קופאי

買い物リスト

רשימת קניות

開館時刻

שעות פתיחה

財布

ארנק

クレジットカード

כרטיס אשראי

バッグ

תיק

ポリ袋

שקית ניילון

# 飲み物

## שתיות

水

מים

ジュース

מיץ

牛乳

חלב

コーラ

קולה

ワイン

יין

ビール

בירה

アルコール

אלכוהול

ココア

קקאו

紅茶

תה

コーヒー

קפה

エスプレッソ

אספרסו

カプチーノ

קפוצ'ינו

# 食べ物
## אוכל

バナナ

בננה

リンゴ

תפוח

オレンジ

תפוז

メロン

אבטיח

レモン

לימון

ニンジン

גזר

ニンニク

שום

竹

במבוק

玉ねぎ

בצל

キノコ

פטריות

ナッツ

אגוזים

ヌードル

אטריות

スパゲッティ

ספגטי

米

אורז

サラダ

סלט

フライドポテト

צ'יפס

フライドポテト

צ'יפס

ピザ

פיצה

ハンバーガー

המבורגר

サンドウィッチ

כריך

カツレツ

שניצל

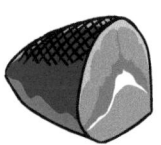

ハム

שינקין

サラミ

סלאמי

ソーセージ

נקניקיה

鶏肉

עוף

焼き

טיגון

魚

דג

麦のお粥

שיבולת שועל

ムーズリ

מוזלי

コーンフレーク

קורנפלקס

小麦粉

קמח

クロワッサン

קרואסון

ロールパン

לחמנייה

パン

לחם

トースト

טוסט

ビスケット

עוגיות

バター

חמאה

カッテージチーズ

גבינה לבנה

ケーキ

עוגה

卵

ביצה

目玉焼き

ביצת עין

チーズ

גבינה

アイスクリーム

גלידה

砂糖

סוכר

はちみつ

דבש

ジャム

ריבה

ヌガークリーム

ממרח נוגט

カレー

קארי

農家
בית חווה
納屋
אסם
ストローベール
חבילת שחת
畑
שדה
馬
סוס
トレーラー
עגלת נגרר
子馬
סייח
トラクター
טרקטור
ロバ
חמור
羊
כבש
子羊
טלה

ヤギ

עז

雌牛

פרה

子牛

עגל

豚

חזיר

子豚

חזרזיר

雄牛

שור

農場 - חווה

ガチョウ

אווז

アヒル

ברווז

ひよこ

אפרוח

にわとり

תרנגולת

おんどり

תרנגול

ネズミ

חולדה

猫

חתול

ねずみ

עכבר

雄牛

שור

犬

כלב

犬小屋

מלונה

散水ホース

צינור השקיה

じょうろ

קנקן מים

大鎌

חרמש

すき

מחרשה

草刈り鎌

מגל

くわ

מגרפה

堆肥用フォーク

קלשון

斧

גרזן

手押し車

מריצה

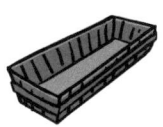

かいばおけ

שוקת

牛乳缶

כד חלב

袋

שק

フェンス

גדר

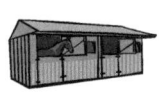

畜舎

אורווה

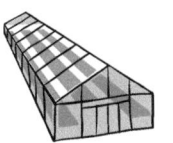

温室

חממה

土壌

אדמה

種

זרע

肥料

דשן

コンバイン

מקצרה

収穫する

קצר

収穫

קציר

ヤマイモ

בטטה אפריקנית

小麦

חיטה

大豆

סויה

じゃがいも

תפוח אדמה

トウモロコシ

תירס

菜種

קנולה

果樹

עץ פירות

キャッサバ

קסבה

穀物

דגנים

# 家

# בית

煙突
ארובה
屋根
גג
排水管
מרזב
窓
חלון
呼び鈴
פעמון
車庫
מוסך
ドア
דלת
ゴミ箱
פח אשפה
郵便受け
תיבת מכתבים
庭
גינה

リビングルーム

סלון

浴室

חדר אמבטיה

台所

מטבח

寝室

חדר שינה

子供部屋

חדר ילדים

ダイニング・ルーム

חדר אוכל

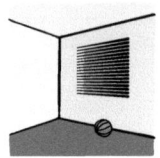

床
רצפה

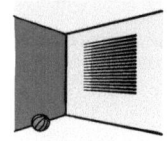

壁
קיר

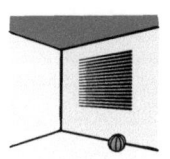

天井
תקרה

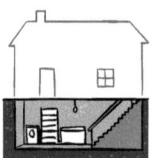

地下貯蔵庫
מרתף

サウナ
סאונה

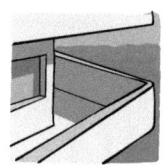

バルコニー
מרפסת

テラス
מרפסת

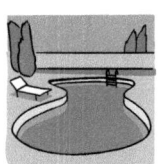

プール
בריכה

芝刈り機
מכסחת דשא

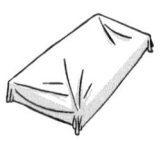

シーツ
סדין

ベッドカバー
כיסוי מיטה

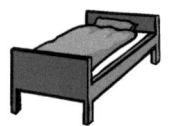

ベッド
מיטה

ほうき
מטאטא

バケツ
דלי

スイッチ
מפסק

# リビングルーム
## סלון

壁紙
טפט
絵
תמונה
מנורה
棚
מדף
食器棚
ארון
テレビ
טלוויזיה
暖炉
אח
花
פרח
クッション
כרית
ソファ
ספה
花瓶
אגרטל
リモコン
שלט רחוק

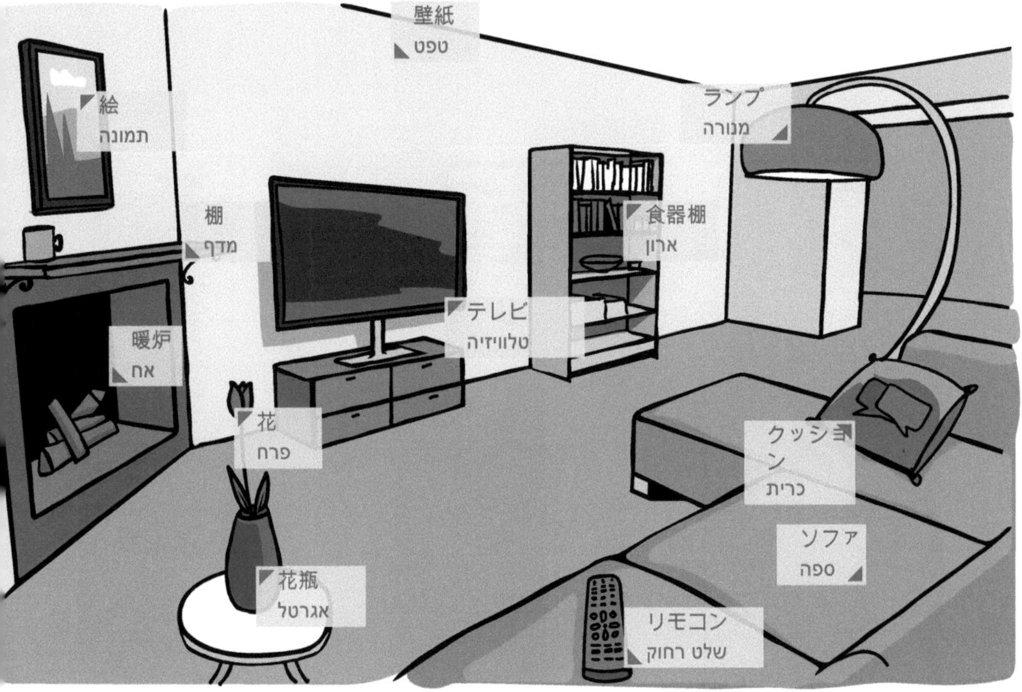

カーペット

שטיח

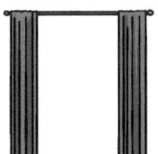

カーテン

וילון

テーブル

שולחן

椅子

כסא

ロッキングチェア

כיסא נדנדה

ひじ掛け椅子

כורסה

本

ספר

毛布

שמיכה

飾り

דקורציה

たきぎ

עצי הסקה

映画

סרט

ステレオ

מערכת סטריאו

鍵

מפתח

新聞

עיתון

絵画

ציור

ポスター

פוסטר

ラジオ

רדיו

メモ帳

מחברת

掃除機

שואב אבק

サボテン

קקטוס

ろうそく

נר

# 台所
## מטבח

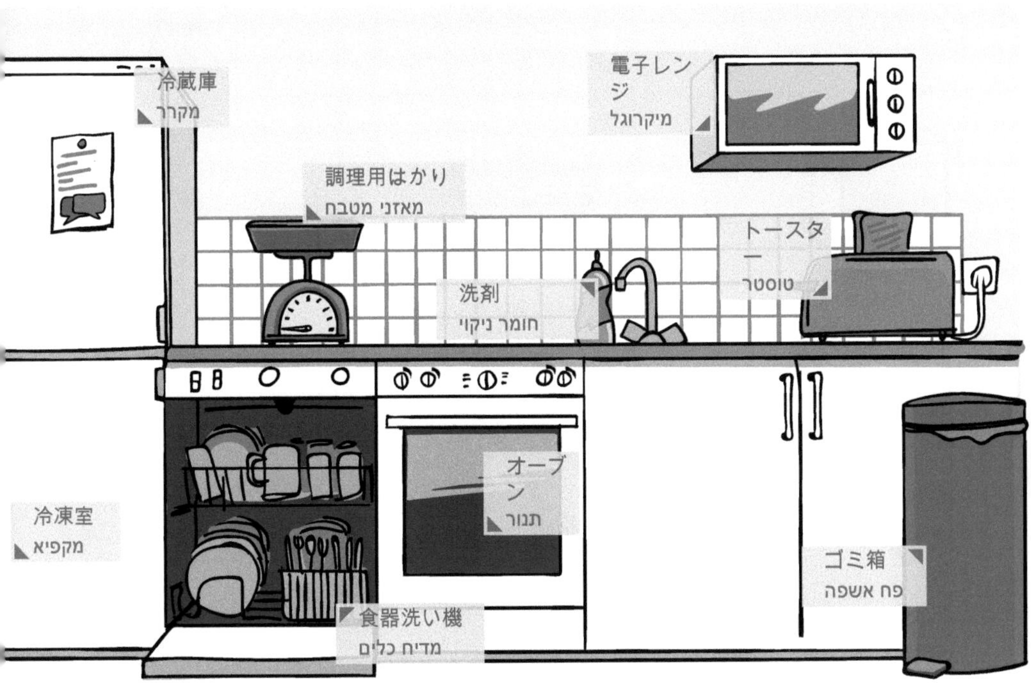

冷蔵庫
מקרר
電子レンジ
מיקרוגל
調理用はかり
מאזני מטבח
トースター
טוסטר
洗剤
חומר ניקוי
オーブン
תנור
冷凍室
מקפיא
ゴミ箱
פח אשפה
食器洗い機
מדיח כלים


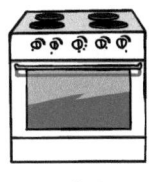

こんろ

תנור

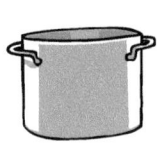

鍋

סיר

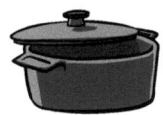

鉄鍋

סיר ברזל

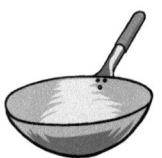

中華鍋/ カダイ鍋

ווק

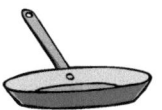

フライパン

מחבת

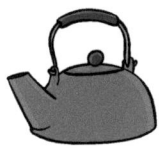

やかん

קומקום חשמלי

蒸し器

מאדה

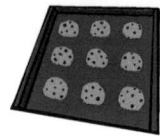

天板

מגש אפייה

食器

כלי אוכל

マグカップ

ספל

ボウル

קערה

箸

צ'ופסטיקס

おたま

מצקת

へら

מרית

泡立て器

מטרפה

こし器

מסננת בישול

ふるい

מסננת

すりおろし器

מגרדת

すり鉢

מכתש

バーベキュー

גריל

かまど

מדורה

まな板

קרש חיתוך

麺棒

מערוך

栓抜き

פותחן פקקים

缶

פחית

缶切り

פותחן קופסאות

鍋つかみ

מטלית

流し

כיור

ブラシ

מברשת

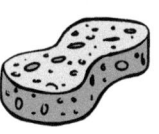

スポンジ

ספוג

ミキサー

בלנדר

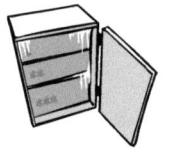

冷凍庫

מקפיא

哺乳瓶

בקבוק לתינוק

蛇口

ברז

# 浴室

## חדר אמבטיה

ヒーター
חימום
タオル
מגבת
シャワー
מקלחת
シャワーカーテン
וילון מקלחת
泡風呂
אמבטיית קצף
אמבטיה
グラス
כוס
洗濯機
מכונת כביסה
蛇口
ברז
タイル
אריחים
おまる
סיר לילה
流し
כיור

トイレ

אסלה

和式トイレ

אסלת כריעה

ビデ

בידה

小便器

משתנה

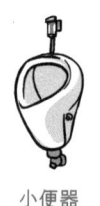

トイレットペーパー

נייר טואלט

トイレブラシ

מברשת אסלה

歯ブラシ

מברשת שיניים

歯みがき

משחת שיניים

デンタルフロス

חוט דנטלי

洗う

שטף

シャワーヘッド

מקלחת יד

ハンドビデ

צינור שטיפה לשירותים

洗面台

קערת רחצה

ボディブラシ

מברשת גב

石鹸

סבון

シャワー用ジェル

ג'ל רחצה

シャンプー

שמפו

浴用タオル

ליפה

排水口

ניקוז

クリーム

קרם

消臭

דיאודורנט

鏡

מראה

手鏡

מראת יד

かみそり

סכין גילוח

シェービング· フォーム

קצף גילוח

アフターシェーブローション

אפטרשייב

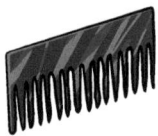

櫛

מסרק

ブラシ

מברשת

ドライヤー

מייבש שיער

ヘアスプレー

ספריי לשיער

化粧

איפור

口紅

שפתון

マニキュア

לק

脱脂綿

צמר גפן

爪切り

מספריים לציפורניים

香水

בושם

洗面用具入れ

תיק כלי רחצה

スツール

שרפרף

体重計

משקל

バスローブ

חלוק רחצה

ゴム手袋

כפפות גומי

タンポン

טמפון

生理用ナプキン

תחבושת סניטרית

ケミカルトイレ

שירותים כימיקליים

# 子供部屋

## חדר ילדים

目覚まし時計
שעון מעורר
ぬいぐるみ
צעצוע חיבוק
おもちゃの自動車
מכונית צעצוע
がらがら
רעשן
ドール・ハウス
בית בובות
プレゼント
מתנה

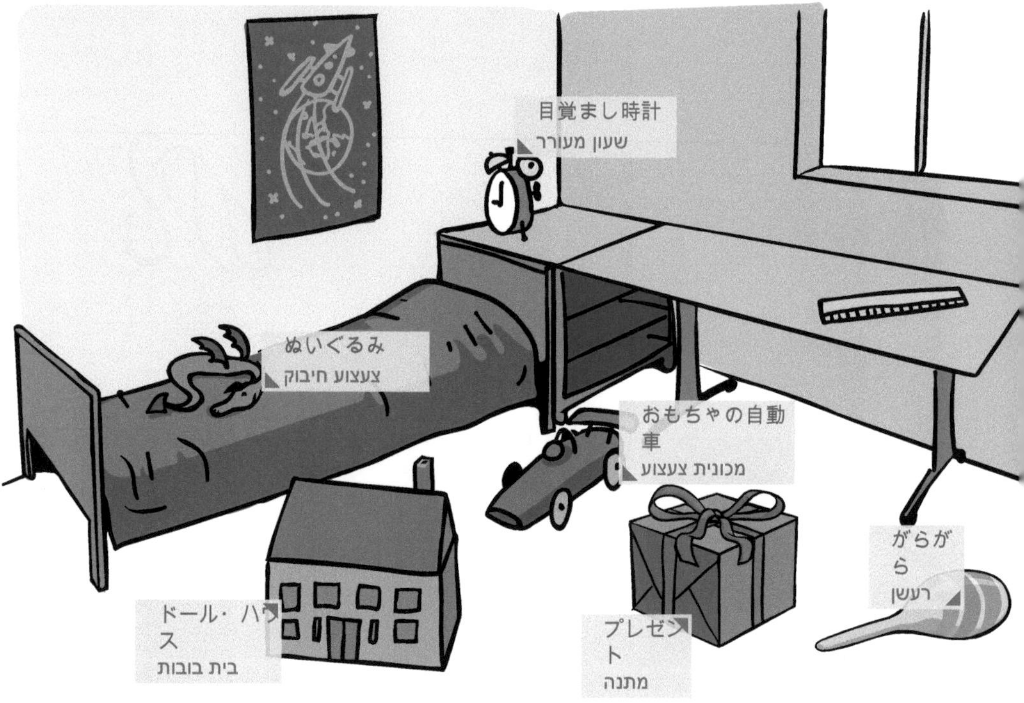

風船

בלון

ベッド

מיטה

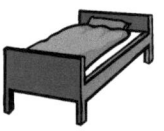

ベビーカー

עגלה

カードゲーム

משחק קלפים

ジグソーパズル

פאזל

漫画

קומיקס

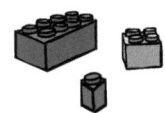

レゴ

לגו

玩具ブロック

קוביות משחק

アクションフィギュア

דמות משחק

ロンパース

סרבל תינוקות

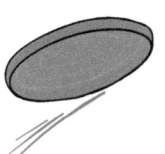

フリスビー

פריזבי

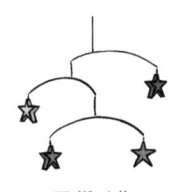

モバイル

נייד

ボードゲーム

משחק לוח

さいころ

קוביה

鉄道模型

רכבת צעצוע

おしゃぶり

מוצץ

パーティー

מסיבה

絵本

אלבום תמונות

ボール

כדור

人形

בובה

遊ぶ

שיחק

砂場

ארגז חול

ブランコ

נדנדה

おもちゃ

צעצועים

ゲーム機

קונסולת משחקים

三輪車

אופניים תלת גלגלי

テディベア

דובון

衣装ダンス

ארון בגדים

## 衣服

## בגדים

靴下

גרביים

ストッキング

גרביונים

タイツ

גרביון

スカーフ
צעיף

ベルト
חגורה

雨傘
מטריה

Tシャツ
חולצת טי

ブーツ
מגפיים

スリッパ
נעלי בית

スニーカー
נעלי ספורט

サンダル
סנדלים

靴
נעליים

ゴム長靴
מגפי גומי

パンツ
תחתונים

ブラ
חזייה

ベスト
וסט

ボディースーツ

גוף

ズボン

מכנסיים

ジーンズ

ג'ינס

スカート

חצאית

ブラウス

חולצה מכופתרת

シャツ

חולצה

セーター

אפודה

パーカー

סווצ'ר עם קפוצ'ון

ブレザー

בלייזר

ジャケット

ז'קט

コート

מעיל

レインコート

מעיל גשם

服装

תלבושת

ドレス

שמלה

ウェディングドレス

שמלת כלה

スーツ

חליפה

ナイトガウン

כותונת לילה

パジャマ

פיג'מה

サリー

סארי

ヘッドスカーフ

מטפחת ראש

ターバン

טורבן

ブルカ

בורקה

カフタン

קאפטן

アバヤ

עבאיה

水着

בגד ים

トランクス

בגד ים

半ズボン

מכנסיים קצרים

スウェットスーツ

בגד אימון

エプロン

סינר

手袋

כפפות

ボタン

כפתור

メガネ

משקפיים

ブレスレット

צמיד יד

ネックレス

שרשרת

指輪

טבעת

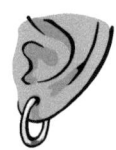

イヤリング

עגיל

帽子

כובע

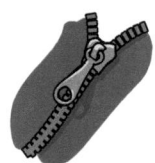

ハンガー

קולב

帽子

כובע

ネクタイ

עניבה

ファスナー

רוכסן

ヘルメット

קסדה

サスペンダー

כתפיות

制服

תלבושת בית ספר

ユニフォーム

מדים

よだれかけ

מפית אוכל

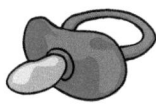

おしゃぶり

מוצץ

おむつ

חיתול

## オフィス

## משרד

サーバ
שרת

書類キャビ
ネット
תיקייה
プリンタ
ー
מדפסת

モニタ
ー
מסך

紙
נייר

マウス
עכבר

事務机
שולחן עבודה

フォルダ
ー
תיק

キーボー
ド
מקלדת

ごみ箱
סל נייר

椅子
כסא

コンピュ
ーター
מחשב

コーヒーマグ

ספל קפה

計算機

מחשבון

インターネット

אינטרנט

ラップトップ

מחשב נייד

手紙

מכתב

メッセージ

הודעה

携帯電話

נייד

ネットワーク

רשת

コピー機

מכונת צילום

ソフトウェア

תוכנה

電話

טלפון

コンセント

שקע

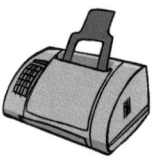

ファックス

פקס

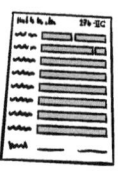

フォーム

טופס

書類

מסמך

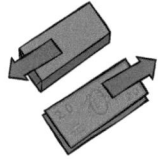

買う

קנה

支払う

שילם

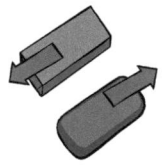

取引する

סחר

お金

כסף

ドル

דולר

ユーロ

יורו

円

ין

ルーブル

רובל

スイスフラン

פרנק שווייצרי

人民元

יואן רנמינבי

ルピー

רופי

キャッシュポイント

כספומט

両替所

המרת מטבע

金

זהב

銀

כסף

油

נפט

エネルギー

אנרגיה

価格

מחיר

契約

חוזה

税金

מס

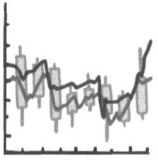

株

מנייה

働く

עבד

従業員

עובד

雇用主

מעסיק

工場

מפעל

ショップ

חנות

# 職業

## מקצועות

警察官
שוטר
消防士
כבאי
コック
טבח
医師
רופא
パイロット
טייס

庭師

גנן

大工

נגר

お針子

תופרת

裁判官

שופט

化学者

כימאי

俳優

שחקן

バスの運転手

נהג אוטובוס

タクシー運転手

נהג מונית

漁師

דייג

掃除婦

עובדת נקיון

屋根ふき職人

מתקן גגות

ウェイター

מלצר

ハンター

צייד

塗装工

צייר

パン屋

אופה

電気工

חשמלאי

建設作業員

עובד בניין

エンジニア

מהנדס

肉屋

קצב

配管工

אינסטלטור

郵便配達人

דוור

軍人

חייל

建築家

אדריכל

レジ係

קופאי

花屋

מוכר פרחים

美容師

ספר

車掌

כרטיסן

機械工

מכונאי

キャプテン

קברניט

歯科医

רופא שיניים

科学者

מדען

ラビ

רב

イスラム導師

אימאם

修道士

נזיר

牧師

כומר

# 道具

## כלי עבודה

ハンマー
פטיש
くぎ抜き
צבת
ドライバー
מברג
スパナ
מפתח ברגים
懐中電灯
פנס

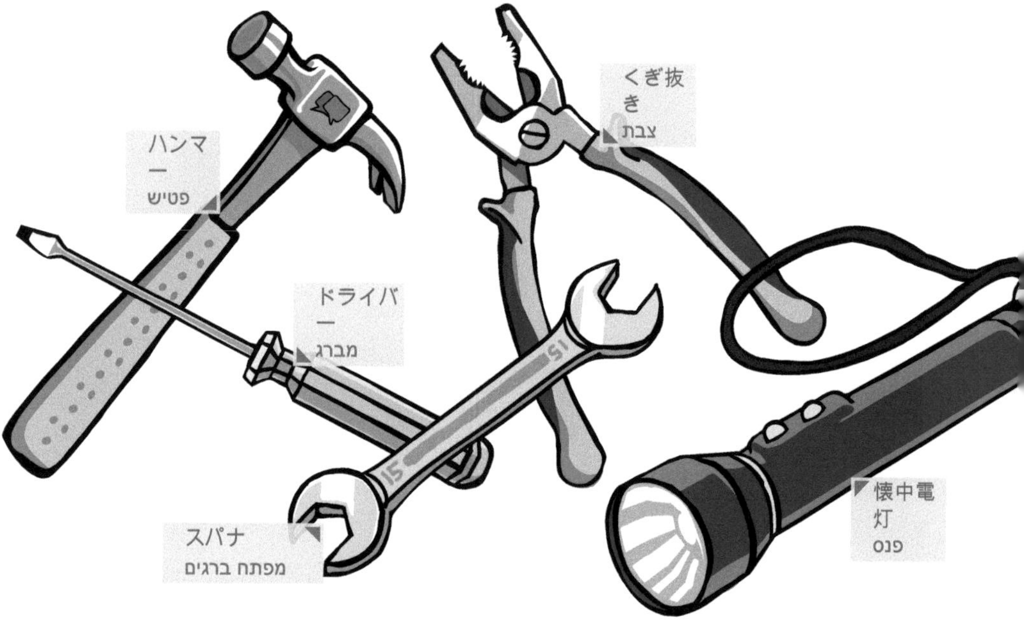

掘削機

דחפור

道具箱

ארגז כלים

はしご

סולם

のこぎり

מסור

釘

מסמרים

ドリル

מקדחה

修理する

תיקן

シャベル

את חפירה

クソ！

לעזאזל!

ちりとり

יעה

ペンキ缶

פח צבע

ネジ

ברגים

# 楽器

## כלי נגינה

רמקול
מערכת תופים
ギター
גיטרה
コントラバス
קונטראבס
トランペット
חצוצרה

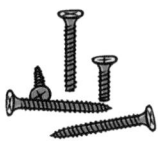

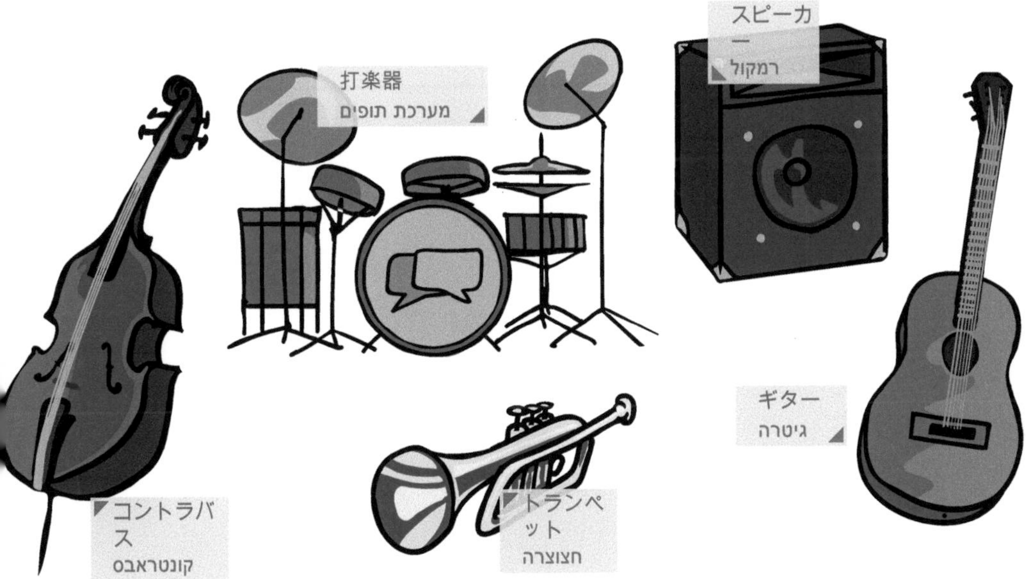

ピアノ

פסנתר

バイオリン

כינור

バス

בס

ティンパニ

תוף הדוד

ドラム

תופים

キーボード

מקלדת פסנתר

サックス

סקסופון

フルート

חליל

マイクロフォン

מיקרופון

# 動物園
## גן חיות

入口
כניסה
虎
נמר
おり
כלוב
シマウマ
זברה
飼料
מזון לחיות
パンダ
פנדה

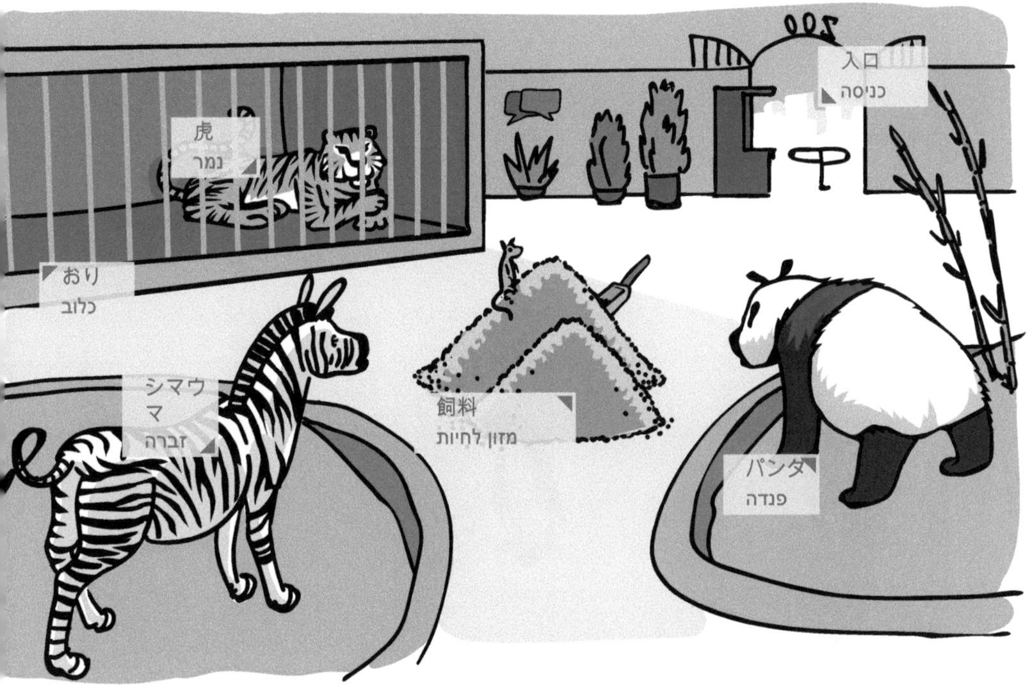

動物
בעלי חיים

象
פיל

カンガルー
קנגרו

サイ
קרנף

ゴリラ
גורילה

熊
דוב

ラクダ

גמל

ダチョウ

יען

ライオン

אריה

猿

קוף

フラミンゴ

פלמינגו

オウム

תוכי

白クマ

דוב הקרח

ペンギン

פינגווין

サメ

כריש

クジャク

טווס

蛇

נחש

ワニ

תנין

飼育係

שומר גן החיות

アザラシ

כלב ים

ジャガー

יגואר

ポニー

סוס פוני

ヒョウ

לאופרד

カバ

היפופוטאם

キリン

ג'ירפה

鷲

נשר

雄豚

חזיר בר

魚

דג

亀

צב

セイウチ

סוס ים

狐

שועל

ガゼル

איילה

アメフト
פוטבול אמריקאי

サイクリング
רכיבת אופניים

テニス
טניס

バスケット
ボール
כדורסל

水泳
שחיה

ボクシング
אגרוף

アイスホッケー
הוקי

サッカー

כדורגל

バドミントン

בדמינטון

陸上競技

אתלטיקה

ハンドボール

כדור-יד

スキー

עשה סקי

ポロ

פולו

# 活動

## פעילויות

跳ぶ
קפץ
歌う
שר
抱きしめる
חיבק
笑う
צחק
歩く
הלך
祈る
התפלל
キス
נשק
夢見る
חלם

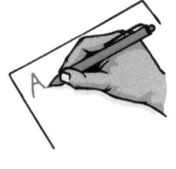

書く

כתב

描く

צייר

示す

הראה

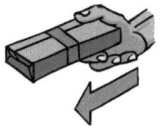

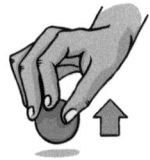

押す

דחף

与える

נתן

取る

לקח

持っている

יש / להיות הבעלים

する

עשה

ある

היה

立つ

עמד

走る

רץ

引く

משך

投げる

זרק

落ちる

נפל

横たわっている

שכב

待つ

חיכה

運ぶ

סחב

座る

ישב

着る

התלבש

眠る

ישן

目が覚める

התעורר

見る
--------
הסתכל ב-

泣く
--------
בכה

なでる
--------
ליטף

櫛ですく
--------
סירק

話す
--------
דיבר

理解する
--------
הבין

質問する
--------
שאל

聞く
--------
שמע

飲む
--------
שתה

食べる
--------
אכל

片づける
--------
סידר

愛する
--------
אהב

料理する
--------
בישל

運転する
--------
נהג

飛ぶ
--------
עף

ヨットに乗る

שט

計算する

חישב

読む

קרא

学ぶ

למד

働く

עבד

結婚する

התחתן

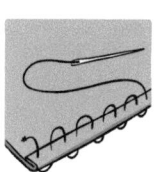

縫う

תפר

歯を磨く

ציחצח שיניים

殺す

הרג

喫煙する

עישן

送る

שלח

祖母
סבתא
祖父
סבא
父
אבא
母
אימא
赤ん坊
תינוק
娘
בת
息子
בן

お客様

אורח

おば

דודה

おじ

דוד

兄弟

אח

姉妹

אחות

# 体

## גוף

ひたい
מצח
目
עין
肩
כתף
指
אצבע
顔
פנים
あご
סנטר
手
כף יד
脚
רגל
胸
חזה
腕
זרוע

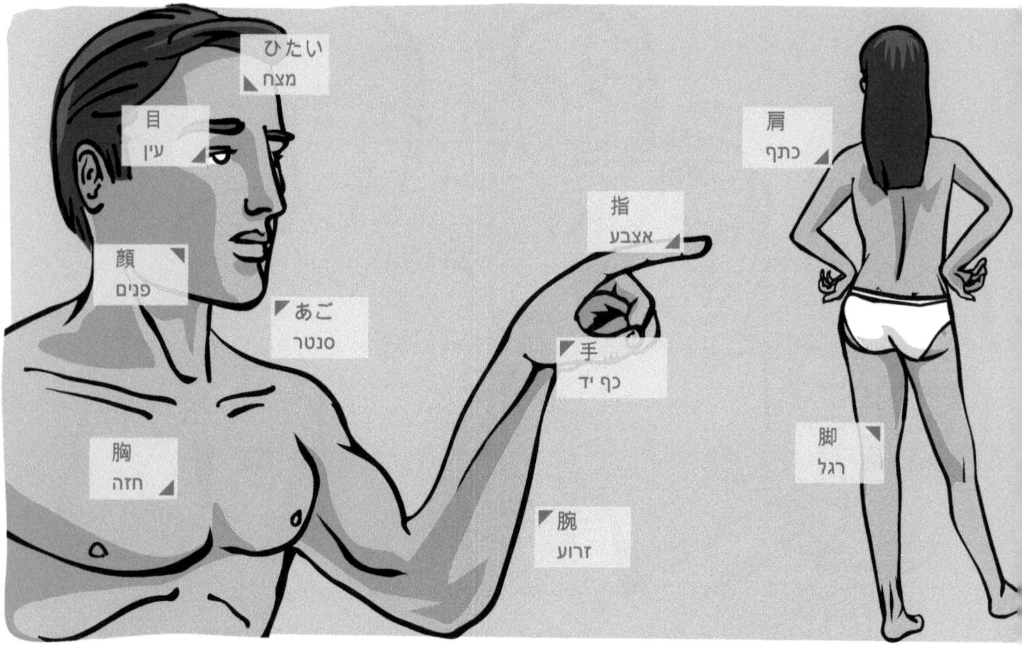

赤ん坊
תינוק

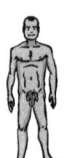

男性
איש

女性
אישה

少女
ילדה

少年
ילד

頭
ראש

背中

 גב

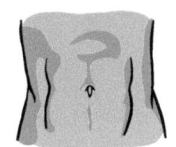

腹

בטן

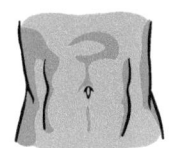

へそ

טבור

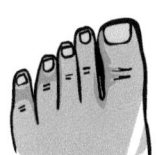

足指

אצבע

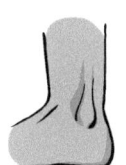

かかと

עקב

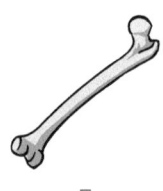

骨

עצם

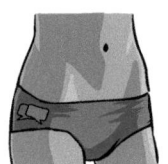

腰

ירך

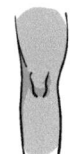

ひざ

ברך

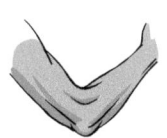

ひじ

מרפק

鼻

אף

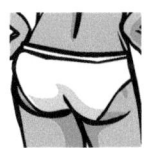

尻

עכוז

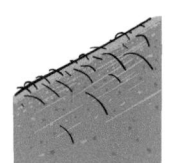

皮膚

עור

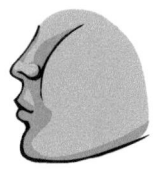

頬

לחי

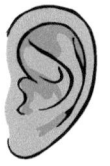

耳

אוזן

唇

שפתיים

口

פה

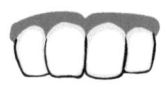

歯

שן

舌

לשון

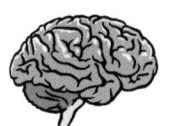

脳

מוח

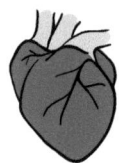

心臓

לב

筋肉

שריר

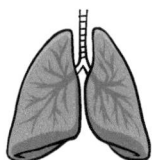

肺

ריאה

肝臓

כבד

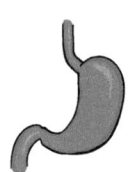

胃

קיבה

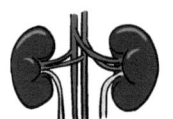

腎臓

כליות

セックス

מין

コンドーム

קונדום

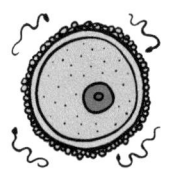

卵細胞

ביצית

精液

זרע

妊娠

הריון

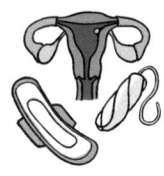

月経

ווסת

膣

נרתיק

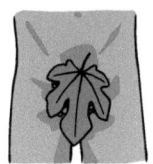

ペニス

פין

眉

גבה

髪

שיער

首

צוואר

# 病院

## בית חולים

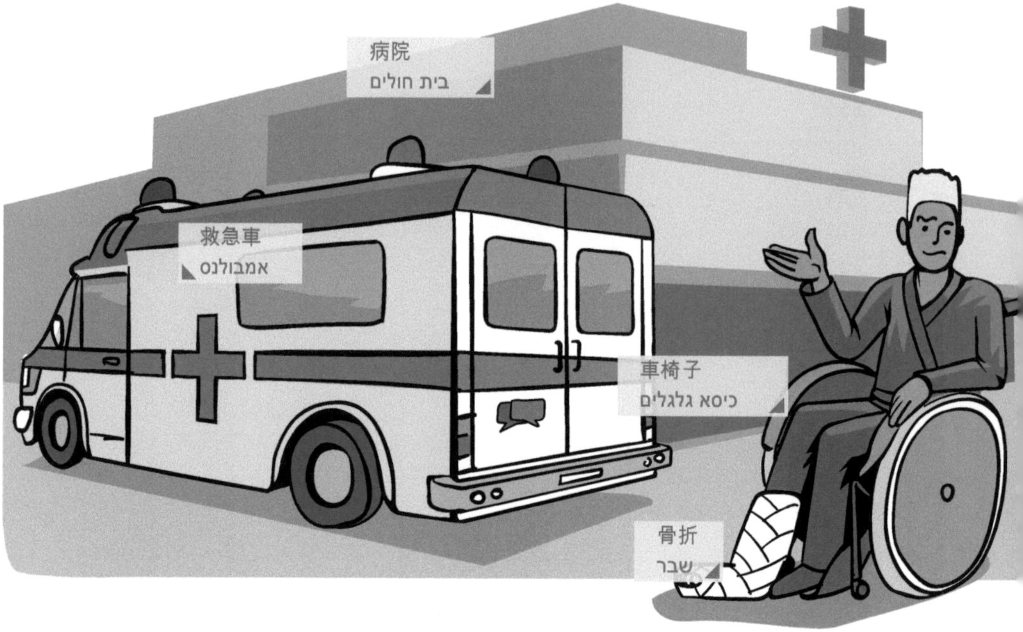

病院
בית חולים
救急車
אמבולנס
車椅子
כיסא גלגלים
骨折
שבר

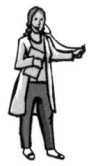

医師

רופא

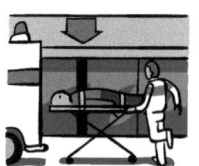

救急治療室

חדר מיון

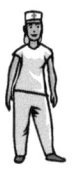

看護師

אחות

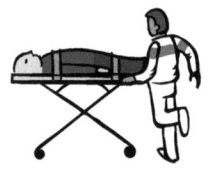

救急

חירום

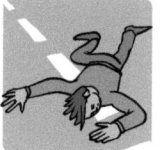

失神

חסר הכרה

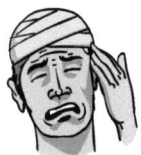

痛み

כאב

けが

פציעה

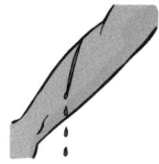

出血

דימום

心臓発作

התקף לב

脳卒中

שבץ

アレルギー

אלרגיה

咳

שיעול

熱

חום

インフルエンザ

שפעת

下痢

שלשול

頭痛

כאב ראש

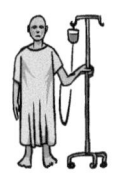

癌

סרטן

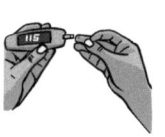

糖尿病

סוכרת

外科医

מנתח

外科用メス

אזמל

手術

ניתוח

CT

סי-טי

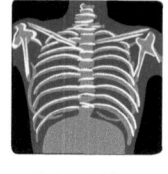

レントゲン

רנטגן

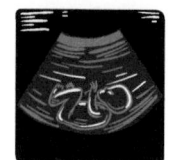

超音波

אולטרסאונד

マスク

מסיכת פנים

病気

מחלה

待合室

חדר המתנה

松葉づえ

קבה

ばんそうこう

פלסטר

包帯

תחבושת

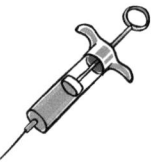

注射

זריקה

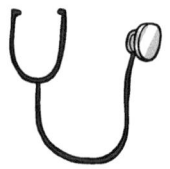

聴診器

סטטוסקופ

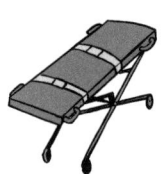

担架

אלונקה

体温計

מד חום

出産

לידה

肥満

עודף משקל

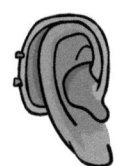

補聴器

מכשיר שמיעה

消毒剤

מחטא

感染

זיהום

ウイルス

נגיף

HIV / エイズ

איידס

内服薬

תרופה

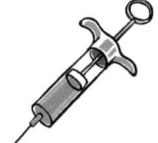

予防接種

חיסון

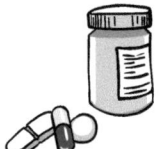

錠剤

טבליות

ピル

גלולה

緊急電話

קריאת חירום

血圧計

מד לחץ דם

病気の ／ 健康な

חולה / בריא

# 救急

## חירום

助けて！

הצילו!

アラーム

אזעקה

暴行

פשיטה

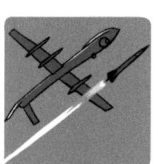

攻撃

תקיפה

危険

סכנה

非常口

יציאת חירום

火事だ！

אש!

消火器

מטף כיבוי

事故

תאונה

救急箱

ערכת עזרה ראשונה

SOS

הצילו!

警察

משטרה

# 地球

# כדור הארץ

南米

דרום אמריקה

北米

צפון אמריקה

ヨーロッパ

אירופה

オーストラリア

אוסטרליה

アジア

אסיה

アフリカ

אפריקה

インド洋

האוקיינוס ההודי

太平洋

האוקיינוס השקט

大西洋

האוקיינוס האטלנטי

北極

הקוטב הצפוני

北極海

האוקיינוס הארקטי

南極海

האוקיינוס האנטרקטי

地球

כדור הארץ

南極大陸

אנטארקטיקה

南極

הקוטב הדרומי

島

אי

海

ים

陸

אדמה

国家

מדינה

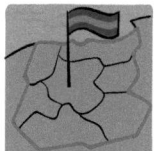

国家

לאום

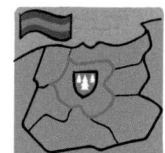

# 時計

## שעון

文字盤

פני השעון

短針

מחוג השעות

長針

מחוג הדקות

秒針

מחוג השניות

何時ですか？

?מה השעה

日

יום

時間

זמן

現在

עכשיו

デジタル時計

שעון דיגיטלי

分

דקה

時間

שעה

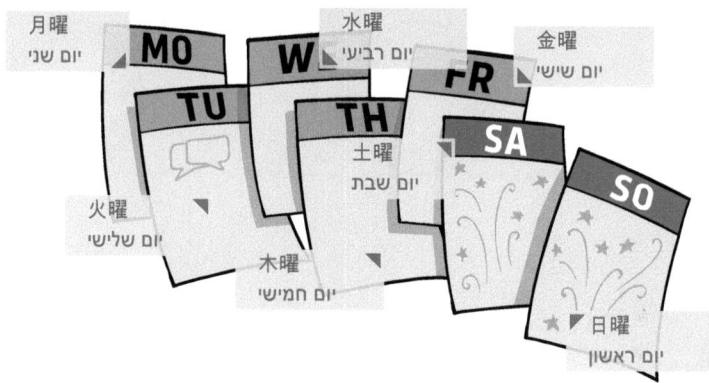

# 週

## שבוע

月曜
יום שני
MO
火曜
יום שלישי
TU
水曜
יום רביעי
WE
木曜
יום חמישי
TH
金曜
יום שישי
FR
土曜
יום שבת
SA
日曜
יום ראשון

1

昨日

אתמול

2

今日

היום

3

明日

מחר

朝

בוקר

昼

צהריים

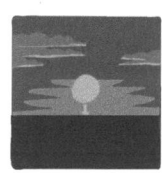

夜

ערב

MO TU WE TH FR SA SU
1 2 3 4 5 6 7
8 9 10 11 12 13 14
15 16 17 18 19 20 21
22 23 24 25 26 27 28
29 30 31 1 2 3 4

営業日

ימי עבודה

MO TU WE TH FR SA SU
1 2 3 4 5 6 7
8 9 10 11 12 13 14
15 16 17 18 19 20 21
22 23 24 25 26 27 28
29 30 31 1 2 3 4

週末

סוף שבוע

雨
גשם
虹
קשת בענן
風
רוח
雪
שלג
春
אביב
夏
קיץ
秋
סתיו
冬
חורף

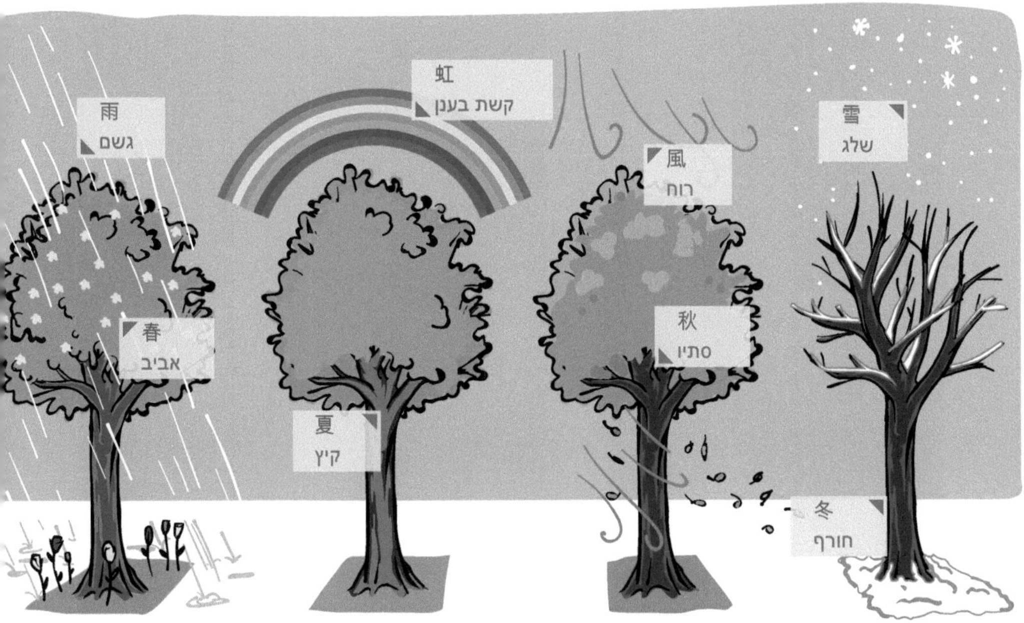

天気予報

תחזית מזג האוויר

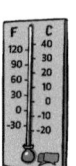

温度計

מד חום

日差し

אור שמש

雲

ענן

霧

ערפל

湿度

לחות

雷

ברק

雷

רעם

嵐

סערה

ひょう

ברד

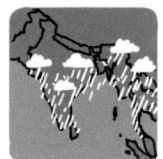

季節風

רוח עונתי

洪水

שיטפון

氷

קרח

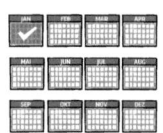

1月

ינואר

2月

פברואר

3月

מרץ

4月

אפריל

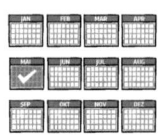

5月

מאי

6月

יוני

7月

יולי

8月

אוגוסט

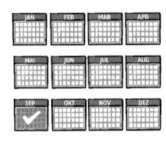

9月

ספטמבר

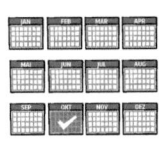

10月

אוקטובר

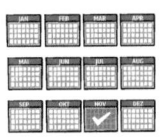

11月

נובמבר

12月

דצמבר

## 形

## צורות

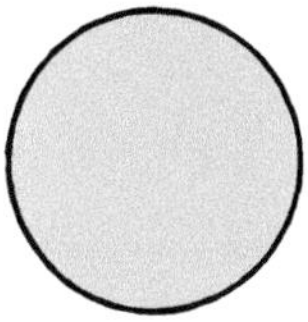

円

עיגול

正方形

מרובע

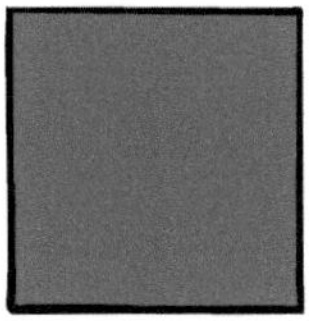

長方形

מלבן

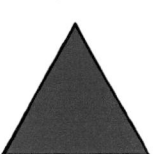

三角

משולש

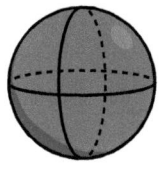

球

כדור

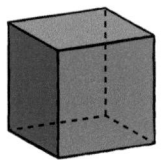

立方体

קובייה

# 色

## צבעים

白

לבן

黄

צהוב

オレンジ

כתום

ピンク

ורוד

赤

אדום

紫

סגול

青

כחול

緑

ירוק

茶

חום

灰色

אפור

黒

שחור

多い / 少ない

הרבה / מעט

怒っている /
落ち着いている
כועס / רגוע

美しい / 醜い

יפה / מכוער

初め / 終わり

התחלה / סוף

大きい / 小さい

גדול / קטן

明るい / 暗い

בהיר / כהה

兄弟 / 姉妹

אח / אחות

清潔な / 汚い

נקי / מלוכלך

完全な / 不完全な

שלם / חלקי

日中 / 夜

יום / לילה

死んだ / 生きている

מת / חי

幅広い / 狭い

רחב / צר

食べられる　／
食べられない
אכיל / לא אכיל

悪意のある　／　親切な
רשע / טוב לב

興奮している　／
退屈じている
מתרגש / משועמם

太った　／　痩せた
שמן / רזה

最初に　／　最後に
ראשון / אחרון

友人　／　敵
חבר / אויב

いっぱいの　／　空の
מלא / ריק

硬い　／　柔らかい
קשה / רך

重い　／　軽い
כבד / קל

空腹　／　喉の渇き
רעב / צמא

病気の　／　健康な
חולה / בריא

違法な　／　合法な
בלתי-חוקי / חוקי

賢い　／　愚かな
נבון / טיפש

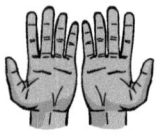

左に　／　右に
שמאל / ימין

近い　／　遠い
קרוב / רחוק

新しい / 中古の

חדש / משומש

何もない / 何かある

כלום / משהו

老いた / 若い

זקן / צעיר

オン / オフ

פעיל / כבוי

開いている /
閉まっている

פתוח / סגור

静かな / うるさい

שקט / רועש

裕福な / 貧乏な

עשיר / עני

正しい / 間違っている

נכון / שגוי

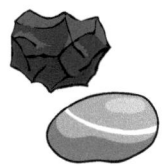

粗い / なめらか

מחוספס / חלק

悲しい / 幸せな

עצוב / שמח

短い / 長い

קצר / ארוך

ゆっくり / 速い

איטי / מהיר

濡れた / 乾いた

רטוב / יבש

温かい / 冷たい

חם / קר

戦争 / 平和

מלחמה / שלום

# 数

## מספרים

| | | |
|---|---|---|
| **0** | **1** | **2** |
| ゼロ | 1 | 2 |
| אפס | אחת | שתיים |
| **3** | **4** | **5** |
| 3 | 4 | 5 |
| שלוש | ארבע | חמש |
| **6** | **7** | **8** |
| 6 | 7 | 8 |
| שש | שבע | שמונה |
| **9** | **10** | **11** |
| 9 | 10 | 11 |
| תשע | עשר | אחת-עשרה |

**12**

12
.............
שתים-עשרה

**13**

13
.............
שלוש-עשרה

**14**

14
.............
ארבע-עשרה

**15**

15
.............
חמש-עשרה

**16**

16
.............
שש-עשרה

**17**

17
.............
שבע-עשרה

**18**

18
.............
שמונה-עשרה

**19**

19
.............
תשע-עשרה

**20**

20
.............
עשרים

**100**

100
.............
מאה

**1.000**

1000
.............
אלף

**1.000.000**

100万
.............
מיליון

# 言語

## שפות

中国標準語

סינית מנדרינית

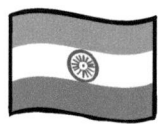

アメリカ英語

אנגלית אמריקאית

英語

אנגלית

フランス語

צרפתית

スペイン語

ספרדית

ヒンディー語

הודית

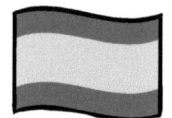

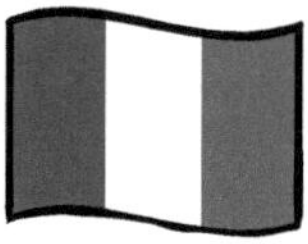

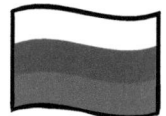

ポルトガル語

פורטוגזית

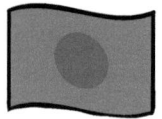

ロシア語

רוסית

アラビア語

ערבית

日本語

יפנית

ドイツ語

גרמנית

ベンガル語

בנגלית

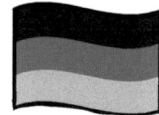

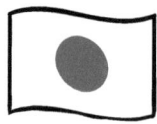

# 誰 / 何 / どう

## מי / מה / איך

私

אני

あなた

אתה / את

彼 / 彼女 / それ

הוא / היא / זה

私たち

אנחנו

あなたたち

אתם

彼ら

הם

誰？

מי?

何？

מה?

どうやって？

איך?

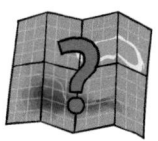

どこ？

איפה?

いつ？

מתי?

名前

שם

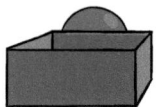

# どこ
## איפה

前

לפני

中

בתוך

後ろ

מאחור

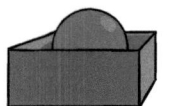

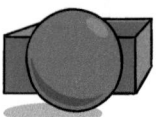

下

מתחת

上

על

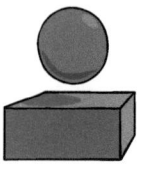

上

מעל

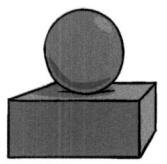

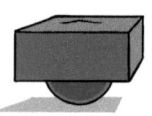

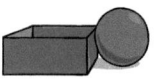

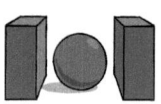

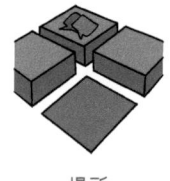

場所

מקום

間

בין

横

ליד